Juana Borrero

Cartas
Selección

Barcelona 2024
Linkgua-ediciones.com

Créditos

Título original: Cartas.

© 2024, Red ediciones S.L.

e-mail: info@linkgua-ediciones.com

Diseño de cubierta: Michel Mallard.

ISBN rústica ilustrada: 978-84-9816-654-5.
ISBN ebook: 978-84-9897-963-3.

Sumario

Brevísima presentación

La vida

Juana Borrero y Pierra nació en La Habana el 18 de mayo de 1877. Era hija de Consuelo Pierra y de Esteban Borrero Echevarría. A los doce años era una excelente versificadora. Por entonces se enamoró del poeta Julián del Casal quien le dedicó el poema «Virgen triste», que anticipa la muerte prematura de Casal.

La muerte del poeta deprimió a Juana Borrero, que recuperó su ánimo tras conocer a Carlos Pío Uhrbach, un joven con quien mantuvo un diálogo epistolar.

El primer libro de Juana Borrero apareció en 1895. Aunque algunos poemas suyos habían sido publicados en 1892 en el libro *Grupo de familia*, que recogía textos de su familia.

En 1895 Borrero marchó a Estados Unidos; nunca más volvió a ver a Carlos Pío. Ella murió allí el 9 de marzo de 1896. No había cumplido los diecinueve años.

Cartas a Carlos Pío Uhrbach

Estas cartas están dirigidas a Carlos Pío Uhrbach. Sobre ellas escribió Cintio Vitier:

El ingenuo sentimiento de su doble grandeza, el candoroso orgullo de ser excepcionales, el desdén por los valores burgueses que los rodeaban y ahogaban, la exquisitez artística de sus gustos, el hastío, la tristeza, la neurosis, todo ese cúmulo de dogmas y prejuicios en los que no se sabe dónde empieza la verdad y dónde acaba la ficción asimilada como un tósigo encantador en los libros y revistas «decadentes» de la época, palidecen ante la realidad de dos seres que se entregaron mutuamente, no solo como el corazón al «anhelo imposible», sino también como la inteligencia a la verdad y el hambre al alimento.

Edición basada en la de la Academia de ciencias de Cuba, Instituto de literatura y lingüística, La Habana, 1966.

Carta 17

Carlos, ángel mío: esta mañana muy temprano me levanté y salí de mi cuarto, contraviniendo órdenes superiores porque has de saber que estoy bastante delicada de salud en estos días y me han ordenado que esté recogida.

Pero se trataba de esperar carta tuya, y ¿qué recomendación podría impedirme esperarla? Oye: yo no quiero culparte... no lo hago, porque el reproche, indica por sí solo falta de afecto o por lo menos olvido voluntario de promesas sagradas, y yo no quiero creer que tu conducta conmigo obedece a causas voluntarias de parte tuya sino a circunstancias contra las cuales no pudieras tú hacer nada.
Conste pues que te disculpo y que te absuelvo... Sería demasiado doloroso para mí ver mi cielo nublarse al despuntar la aurora... Tú sabes que yo soy muy sensible.. Cualquier lastimadura me duele como una herida... y mi triple decepción de estos días me ha dolido mucho, mucho!

No es por otra parte un sentimiento egoísta el que anima estas palabras... ¡No! ¡El deseo de saber de ti, la ansiedad de ver letra tuya, y la tristeza de verme lejos de ti, alma mía, son los sentimientos que hacen brotar la queja de mis labios y llenar de desconsuelo mi pobre corazón que tanto te ama! ¡Perdóname!

¡Estoy tan triste en estos días! ¡Con qué ansiedad esperaba tu carta! ¡Ay amor mío! ¿Sabes tú lo que es amar y no saber si se es amado? ¿No lo sabes? Pues entonces no te explicas mi tormento... Anhelo oírte disculpar tu olvido. La primera disculpa la creeré porque no quiero dudar de ti cuando empezaba a creerte sincero... Pero te suplico que seas compasivo... yo quiero ser humilde contigo porque la soberbia a nada conduce en estos casos... Así te suplico me perdones la carta de esta mañana y procures serme fiel. ¡Cada olvido de tu parte es una tristeza nueva en mi pobre alma! ¡Adiós bien mío! ¡Ten piedad de mí!... ¡Ámame, ámame! Yvone.

Carta 27

¡Sobre la cresta del lejano monte
Un resplandor suavísimo de rosa
Ilumina el confín del horizonte.
Y surge solitaria en el espacio
La estrella de la tarde, luminosa
Como una clara chispa de topacio!

Es de un soneto que estoy haciendo para el abanico de Rosalía... tu tía. Cuando la conozca se lo escribiré en él. Díselo.

Mi Carlos ya es de noche. La brisa del río no me hace bien. Estoy fatigada. Espero a Lola con impaciencia para preguntarle si por casualidad te ha visto en La Habana.

Hasta luego en que seguiré escribiéndote.

Recibe un beso interminable, casto ¡oh sí! y ardientemente sincero. Y después algo así como un abrazo que se quedará en caricia. ¡Te amo, te adoro, te idolatro créelo!

Yvone.

Carta 27 a

Lunes 9 de la noche.

Vino Lola... ¡Oh ¡oh! ¡oh!

Suprimo comentarios. Ya me ha contado con todos sus detalles la ida de ustedes al Cerro. ¡Qué bueno es tener una tía que haga visitas como Rosalía! Me ha dicho que preguntaste por mí y que al decirte ella, «¡sigue mal» dijiste: «¡Los disparaa-atesss!». Cuando ella me dijo que te había visto no se me ocurrió preguntarle más que esto «oye y ¿estaba simpático?». Me dijo que sí, que como siempre.

Una cosa me ha extrañado mucho: que queriéndome tú como dices amarme te hayas podido pasar dos días sin escribirme cuando yo he tenido días de enviar al correo carta por la tarde y por la noche.

En fin, no te culpo. Tú tienes que hacer y no te exijo que por mí abandones tus ocupaciones. Mañana martes quizás vendrá tu carta o si no pasado mañana o si no el otro o si no el jueves me la darás. ¡No hay novedad! Tú sabes que la ternura es elástica. Adiós, vida mía. Recibe un beso en los ojos y un abrazo apretado de tu Yvone.

Carta 39

(Oh María! ¡bendita eres
entre todas las mujeres!)

Mi Carlos idolatrado:

Acabo de recibir tu tranquilizadora carta...
¡Gracias, gracias alma mía! Ahora puedo
llamarme dichosa. ¡Soy dichosa!... ¡y a tu
carta se debe! La guardaré siempre. Es un
documento indispensable... quizá tenga
que invocarlo algún día... ¡entonces acuér-
date bien de que lo has escrito! ¡Piensa y
reflexiona!

Yo te conjuro por la memoria de tu padre,
que para ti será lo más sagrado, que no me
hagas concebir esperanzas que no serán
realizadas. Lo que me prometes es para
mí trascendental, tan dulce, tan grande,
tan tranquilizador que nunca me había
atrevido más que a soñarlo y cuando te
conocí no pude renunciar a mis sueños...
¡Por lo mismo que te amo tanto! Piensa y
reflexiona.

¡Oh amor mío! ¡Qué grande y puro eres!
¿¡Lo serás siempre!?... ¡esto es lo que im-
porta! Mis súplicas no son para ahora
¿Me comprendes? ¡No son para ahora!

Son para cuando... para cuando tenga que ceder ante la lógica de tus derechos... ¿Me comprendes?... ¡Para entonces!... Piensa y reflexiona. Quiero que seas siempre mi ídolo... quiero mirarte siempre con los ojos muy altos, y por lo mismo que te amo, que te idolatro y que te venero, no quiero nunca sentirme avergonzada de ti... ¡ay! ¡Y de mí misma! Tu carta de hoy tiene más trascendencia de lo que tú quisieras... Ella me ha devuelto la felicidad verdadera que nace de la confianza absoluta... ¡Piensa! ¡Tienes razón! tú y yo, somos seres excepcionales... Hemos roto el vínculo del cuerpo y el alma, hemos quebrantado el yugo abrumador y degradante de las solicitaciones corporales... ¡Podemos estar orgullosos de ser puros... de ser de otro barro que la generalidad! ¡Ésta es la verdadera grandeza! Y yo te creo a ti verdaderamente grande para esperar de ti, lo que jamás me hubiera atrevido ni a soñar de ningún hombre... Tú por tu grandeza eres el único hombre capaz de ser por mí heroico... ¿no es verdad alma mía? Pues bien; yo llego a ti y te suplico que conserves mi alma, exageradamente sensible, casta y delicada... ¡Piensa y reflexiona! Vuelvo a suplicarte que seas sincero... No prometas lo que no tendrás fuerzas para cumplir... Voy a entregarme a la esperanza que tu carta de hoy me ha hecho concebir... Oye bien esto. Sin un día tengo que renunciar a ella y aceptar la imposición grosera de la realidad brutalmente lógica, no vacilaré en quitarme la vida. ¡Te lo juro por Casal que es mi juramente más solemne...! ¿Dices que te morirías antes que causarme el más ligero disgusto? Pues sabe que eso para mí no sería un disgusto sino un naufragio, una desgracia inmensa, una sentencia de muerte... porque entonces te odiaría, te aborrecería, me inspirarías horror, y te amo demasiado para aceptar impasible el dilema horrible de odiarte o de huirte... Piensa y reflexiona... Mi pretensión tan pura como ilógica no está basada solamente sobre un sentimiento personal... ¡Lo hago también por ti que serás el primero, el inflexible juez de ti mismo! Seamos grandes. Seamos poetas. ¿Por qué no hemos de tener nosotros en nuestro espíritu grandeza bastante para contrarrestar la tradición y rechazar la costumbre? ¿Por qué no hemos de ser bastante puros para anular ahora y siempre la materia y sentirnos superiores a los demás seres vulgares esclavos de sí mismos?

¡Carlos Carlos! ¡Mi amor mi dueño, alma mía! ¿¡Sabes cómo te amo!? ¿Lo sospechas siquiera? Eres mío, mío como yo soy tuya... te pertenezco... desde antes de que tú me pertenecieras. Mi ideal supremo es estar siempre a tu lado, cuidarte, consolarte, alentarte, esperarte, be... besarte, estar cerca de ti, hacerte dichoso como mi solicitud, con mi ternura... nunca jamás traicionarte con nada ni por nada... y nada más. ¡Piensa!

Esta dicha inefable espero poder dártela... ¿no es verdad mi amado que te basta...? Quiero mirarte frente a frente, medir tu grandeza por la mía... Poder dormirme sobre tu hombro tranquila confiada... sin sobresaltos instintivos. Quiero que tu mirada no haga subir nunca a mi frente la ola ardiente del rubor indefenso... Quiero que jamás la fiebre empañe el tul diáfano de este amor infinitamente más puro que el de todo el resto de los seres... Compenétrate bien del sentido de estas frases... ¡Que tu resolución no sea un aplazamiento, sino una decisión permanente...! Te repito que mis súplicas no son para ahora... Reflexiona. Te ruego que te hagas cargo de lo que te digo. Piensa que lo que me prometes no es una cosa sin importancia. No quiero engañarte. Soy demasiado noble, y te amo demasiado para ocultarte mi resolución de matarme en cuando este amor pierda su fragancia ideal... Quiero morirme antes que odiarte... Y ten por seguro que el odio nace y el amor se extingue repentinamente cuando la materia se impone triunfante... ¡Oh! mi amor morirá sin remedio, desen-

gáñate, si no eres suficientemente grande
para anularte a ti mismo y vivir para mi
espíritu solamente.

¡Soy tuya, soy tuya! ¡Soy ya tu esposa y
la fórmula ceremoniosa no añadirá, no
puede añadir nada a esta unión amorosí-
sima, espontánea, a esta nupcia ideal, ce-
leste de dos almas gemelas que se entregan
una a otra seguras de sí mismas! ¡Si no
te sientes con fuerza para ser siempre lo
que eres ahora, renuncia a mí que aún es
tiempo! ¡No me engañes! ¡No me hagas
creer, por tranquilizarme, en promesas que
guardaré como juramentos! Si algún día
has de desmentirte renuncia a mí... Piensa
que lo que me prometes es serio, trascendental, único. ¡Ay alma mía alma mía
mi único bien sobre la tierra! Yo no en-
cuentro en otras, mis mismas ideas. Todas
están metidas por el rasero vulgar de la
pasión degradante, de la tendencia bestial.
¡Mis amigas...! ¿Las tengo acaso?... todas
son iguales. Cuando a veces me franqueo
con ellas se asombran y tratan de com-
batir mis convicciones con razones como
ésta: «¡Pero chica esa pretensión es inau-
dita!»... ¡Ay! Es que no tienen el alma que
yo tengo... ¡y que tú tienes también dueño
mío! Piensa y reflexiona. Hoy soy feliz.
Absolutamente feliz. Te amo mil veces
más que ayer y creo que mi amor crecerá

día por día... ¡Sí, creo que me amas! No puedo dudarlo ya porque sería una temeridad y una injusticia... Tu última prueba accediendo a mis súplicas, a «mis pretensiones inauditas» me convence. Te adoro y te creo... ¡Qué jamás tenga que perder esta dulce confianza! Y aquí, una alusión oportunísima. Quiero amarte siempre del modo que te amo ahora. Quiero que seas para mí siempre el Carlos de ahora... El anverso me hace venturosa... ¡Qué jamás me encuentre con el reverso de la medalla! Perdona el tono solemne de esta carta. No he podido evitarlo. El negocio vale la pena. Por última vez te conjuro que no me engañes. Ahora un paso atrás. Enclaustrado... es mi credo. Quiero que sea mi oración mi divisa y mi consuelo. Cuando la duda me asalta lo leo y me tranquilizo. Ahora un paso adelante: anoche cuando entraste te sentí muy bien, y sentí cuando me besaste y colocaste la almohada bajo mi cabeza, pero me hice la dormida... (¡Ah!) Ya ves que soy tierna hasta donde puedo serlo.

Acabo de recibir *El Fígaro*. Leo tu Soneto... cuántos recuerdos me trae! ¡Oh mi temerario! ¡Qué bellas las rimas de Federico! ¿Conoces tú a esos muchachos Uhrbach? Quiero que me los presentes. Adiós dueño mío, un abrazo muy apretado y un millón de millones de besos sobre tus ojos tan miedosos... Recíbelos con toda el alma de tu feliz, de tu casta esposa, de tu dulce novia, de tu buena de tu Ivone.

Carta 72

Martes. 9 de la mañana.

Carlos corazón mío. Acabo de devorar con verdadera hambre tus líneas. La familia se aumenta hoy por acá... yo te escribo en lo último del pozo. Desde aquí desde mi refugio de muchas veces te escribo con creyón por no tener lápiz ni tintero. Allá arriba un ser que nace... y acá abajo yo, trazando por milésima vez mi plan de vida futura...

Tus visitas me interesan vivamente tan vivamente como te interesarían a ti las mías si yo tuviera la poca caridad de contártelas.

¡Pobres hijos de la noche! Pobre fantasmas errantes! Las palabras de tu padre me afectan de un modo... Son para mí mucho más tristes que para ti yo te lo aseguro. Ellas corroboran una idea que tengo como una espina clavada en el alma!

No vengan esta noche. ¡Hay aquí un tropel! El consiguiente.

¡No recibiré esta noche tus cartas qué vamos a hacer! Veo ahora *La Habana Elegante*. Lindísimas las rimas de Federico. Bastante bueno el trabajo de Oscar. Dibujo acertadísimo y claroscuro equivocado. Leo también algo sobre nosotros. De todo lo malo que se ha dicho sobre los modernistas esto es lo que está más cerca de la verdad... ¿No te parece a ti?

Escríbeme alma mía. Guárdame allá tus cartas y mándamelas con el primero que llegue de allá. Yo me voy mañana para Marianao pero Lola irá a verme y me llevará tus cartas. En la casa adonde voy me quieren bien. Hay tres muchachas y dos jóvenes, uno de los cuales, el mayor es cargante el pobre y el otro es casi bobo. Ésta es mi opinión sincera sobre ellos. Me estaré allá quince o veinte días y después volveré más repuesta. Ámame alma mía. ¡Si pudieras figurarte la falta que me hace tu amor en estos días! Si dejo de escribirte el mes que viene cinco días, perdónamelo y no me preguntes nada por tu vida. ¡Yo conmemoro en ese tiempo cinco días que jamás jamás podré (ni podrás) arrancar de mi alma! ¡Oh recuerdos crueles! Perdóname y ámame. Ámame, sí, yo te adoro y soy tuya ¡y tan tuya! Te beso dulcemente.

Juana.

Libros a la carta

A la carta es un servicio especializado para
empresas,
librerías,
bibliotecas,
editoriales
y centros de enseñanza;
y permite confeccionar libros que, por su formato y concep-
ción, sirven a los propósitos más específicos de estas institu-
ciones.

Las empresas nos encargan ediciones personalizadas para
marketing editorial o para regalos institucionales. Y los in-
teresados solicitan, a título personal, ediciones antiguas, o
no disponibles en el mercado; y las acompañan con notas y
comentarios críticos.

Las ediciones tienen como apoyo un libro de estilo con todo
tipo de referencias sobre los criterios de tratamiento tipográ-
fico aplicados a nuestros libros que puede ser consultado en
Linkgua-ediciones.com.

Linkgua edita por encargo diferentes versiones de una misma obra con distintos tratamientos ortotipográficos (actua-
lizaciones de carácter divulgativo de un clásico, o versiones
estrictamente fieles a la edición original de referencia).

Este servicio de ediciones a la carta le permitirá, si usted se
dedica a la enseñanza, tener una forma de hacer pública su
interpretación de un texto y, sobre una versión digitaliza-
da «base», usted podrá introducir interpretaciones del texto
fuente. Es un tópico que los profesores denuncien en clase
los desmanes de una edición, o vayan comentando errores

de interpretación de un texto y esta es una solución útil a esa necesidad del mundo académico.

Asimismo publicamos de manera sistemática, en un mismo catálogo, tesis doctorales y actas de congresos académicos, que son distribuidas a través de nuestra Web.

El servicio de «libros a la carta» funciona de dos formas.

1. Tenemos un fondo de libros digitalizados que usted puede personalizar en tiradas de al menos cinco ejemplares. Estas personalizaciones pueden ser de todo tipo: añadir notas de clase para uso de un grupo de estudiantes, introducir logos corporativos para uso con fines de marketing empresarial, etc. etc.

2. Buscamos libros descatalogados de otras editoriales y los reeditamos en tiradas cortas a petición de un cliente.

www.ingramcontent.com/pod-product-compliance
Lightning Source LLC
Chambersburg PA
CBHW020322150626
46552CB00022B/3176